Liebesgedichte

W. M. Holterhöfer

Liebesgedichte

Wellness für die Seele

Herstellung und Verlag:
BoD – Books on Demand, Norderstedt
ISBN: 9783735785480

Autor W. M. Holterhöfer
Cover – Text - Bearbeitung **Michael Holterhöfer**

Inhalt

Seite	Titel
11	Liebe ist wie Poesie
13	Der Augenblick
15	Hoffnung
17	Auf der Suche nach dem Sein
19	Sterne pflücken
21	Aufwind
23	Der Wind
25	Schenk mir neue Hoffnung
27	Spielball der Gefühle
29	Kieselsteinchen
31	Liebeszauber
33	Liebster
35	Ich träume von dir
37	Abendglocken
39	Liebe mit Ecken und Kanten
41	Liebling
43	Inspiration
45	Sehnsucht und Schmerz
47	Nur schöne Stunden
49	Fragezeichen
51	Schlafe, schlafe ein
53	Ich liebe Dich
55	Wunderbare Zeit
57	Liebesnächte
59	Morgenrot
61	Ein wahrer Freund
63	Die Turmuhr schlägt
65	Mein erster Kuss
67	Zu Wissen und zu Glauben
69	Sommerwind

Inhalt

Seite	Titel
71	Schweben wie im Traum
73	Im Sturm erobert
75	Du bist das Beste
77	Im tiefsten Herzensgrund
79	Des Lebens Stürme
81	Für all Deine Liebe dank ich Dir
83	An meinem Lebensbaum
85	Neues Leben
87	Auf der Lebensleiter
89	Sommerliebe
91	Romeo und Julia
93	Zum Valentinstag

Über den Autor W. M. Holterhöfer:

Sie ist 56 Jahre alt und lebt in einem kleinen Ort im Sauerland.
Im Jahr 2004 wurde ihr für besondere Leistungen der Verdienstorden der Bundesrepublik Deutschland verliehen.
Gedichte schreibt sie aus Leidenschaft.
Die Palette der Gedichte ist breit gefächert, von romanischer Lyrik bis hin zu aktuellen Themen.

Ein wesentlicher Teil ihrer Inspiration kam aus ihrem nicht immer einfachen Alltag und ihrem pflegerischen Beruf.
Es war ein Leben im Ausnahmezustand.
Beruflich tätig ist sie nicht mehr, heute ist sie gesundheitlich sehr angeschlagen und auf Hilfe angewiesen.
Veröffentlicht wurden ihrer Gedichte von der Goethe- sowie der Brentano Gesellschaft.
Ebenso wurden ihre Gedichte auf der Frankfurter Buchmesse vorgestellt.

In den Jahren 1999 bis 2004 wurden folgende Werke veröffentlicht:

1999 Gedicht: Hoffnung
2000 Gedicht: Auf der Suche nach dem Sein
2001 Gedicht: Kleines Kinderlied
2002 Gedicht: Weihnachtsglück
2003 Gedicht: Sauerland
2004 Gedicht: Sterne pflücken

Verschiedene Zeitungen berichteten 2002 über ihre Werke. Die Sauerländerin begeistert mit lyrischen Werken. Das Dichten ist der Ausgleich zum Alltag. Gedichte als Ventil für alle Sorgen.

Über das Buch

Liebesgedichte -
Wellness für die Seele.

Möglich gemacht hat ihr Bruder Michael
und ihre beste Freundin Anna, dass ihr Buch
veröffentlicht werden konnte.

Sie haben das Cover für ihr Buch entworfen,
die Disketten mit den Texten der Gedichte auf
einen USB-Stick gespeichert und am PC bearbeitet.
Anna übernahm die Textbearbeitung.
So ging Waltrauds größter Wunsch in Erfüllung.

Michael entdeckte beim Aufräumen den Karton
mit den Disketten, die seit 2004 dort lagerten.
In dem Karton lagern noch weitere Schätze,
ein Krimi, Kurzgeschichten, usw.
Michael hat ihr auch eine Homepage eingerichtet.

www.liebesgedichtefuersherz.de

Liebe ist wie Poesie

In Liebe schreib ich Dir,
meine Gedanken und Gefühle
auf Papier.
Ins Ohr flüstere ich Dir leise,
so zum Beweise,
aus tiefstem Herzen
liebe ich Dich,
das versichere ich Dir
aus meinem Munde.
Liebe ist wie Poesie,
ein Kuss von meinen Lippen,
soll Dich entzücken,
mein Herzenswunsch
ganz ehrlich,
Du bist für mich unentbehrlich

Der Augenblick

Von Herzen liebe ich Dich,
jede Sekunde, jeden Augenblick.
Jeder Kuss von Dir,
von Deinen Lippen,
liebe ich.
Liebster,
nur der Augenblick weiß,
wie schön es ist.
So geliebt zu werden,
ist wie der Himmel auf Erden.
Jede Sekunde,
jede Minute,
jeder Augenblick,
nur Du und ich -
mein Schatz,
ich liebe Dich.

Hoffnung

Mein Schatz,
dass ich Dich wieder sehe
ist in meinem Leben beseelt
von Hoffnung und die möchte ich
so schnell nicht begraben.
Mein Inneres sagt mir auch,
Du wirst auch mal
eine Glückssträhne haben.
Mein Herz verlangt
nach Deiner Liebe
immer mehr.
Dich mein Schatz
gebe ich niemals mehr her.
Aber was soll's,
ich greife nach
dem Morgen nicht,
stattdessen sehe ich fröhlich
dem Heute ins Gesicht.

Auf der Suche nach dem Sein

Was bin ich,
ein Sandkorn im Gefüge der Zeit?
Ein Kornhalm wie im Wind,
oder ein Blatt,
das verweht von
des Sturmes Macht?
Ich lasse mich treiben im Meer der Zeit,
das endlose Meer,
soweit, soweit.
Ein Windhauch streift mein Gesicht,
ich fühle mich so leicht
wie ein Schmetterling,
der beschwingt und so leicht
durch die Lüfte schwingt.
Oder ruhelos und sprudelnd,
wie der Wellen Schaum,
aber alles ist nur ein Traum.
Was bin ich,
ein Mensch, der lebt, liebt,
denkt, macht und schafft,
was steht in meiner Kraft?
Vorbei die Suche nach dem
was bin ich und ich bin das,
was ich scheine zu sein,
„ich bin ich"!

Sterne pflücken

Komm Liebster wir beide
gehen Sterne pflücken,
viele Nächte hab ich Zeit
für Dich.
Komm wir lösen alles
Fremdsein zwischen uns auf,
schmiegen uns ein.
Neues Lachen, das den Montag
nicht verbiegt,
geben dem Moment die Sporen,
dass er mit uns so hoch
bis zu den Sternen fliegt!

Aufwind

Wenn des Lebens stürme Dich
und tobend Dein Herz vor
Kummer zerbricht,
blicke dann getrost nach oben,
Gott der Herr verlässt Dich nicht mehr.
Deswegen versuche es noch einmal,
lass nicht mehr sinken Deinen Mut,
bei all deinen Sorgen tut ein liebes
Lächeln gut.
Ein freundliches Lächeln zu jeder Zeit,
bringt immer dir Freude und
Zufriedenheit.
Nur so kommst du weiter,
wenn Du willst bestehen,
versuche nie ein Lächeln zu
übersehen!
Baue Dir Dein Leben neu auf,
so wie aus Rosen ein Häuschen,
aus Veilchen die Tür,
so kannst du auch wenn's
Illusionen sind,
das Glück immer erreichen
und Du wirst niemals vom richtigen Weg
des Glücks abweichen!

Der Wind

Wenn nach dem sinkenden
Sommer die Gärten sind verwildert,
die Sonne im dichten Laub
gefangen und die Rosenblätter
sind überall im Gras verstreut,
dann endlich Deine Geliebte auf
ein Wiedersehen mit dir sich freut.
Wärme und Zärtlichkeit will
ich Dir geben.
Hörst du auch mein Schatz,
wie der Wind in den Wipfeln
der Bäume in leisen Tönen
Dir singt,
dass ich bald komme,
dich mit Liebe zu verwöhnen!

Schenk mir neue Hoffnung

Die Liebe
kann so flatterhaft sein,
wie ein bunter Schmetterling,
der sich verirrt in einem unendlich
großem Land.
Und so manchmal,
liegt auch ein zerbrochenes Herz
durch einen Liebesschmerz
am Boden,
zertreten wie ein Käfer im Sand.
Dann möchte das wehe Herz
für keine andere Liebe mehr schlagen,
denn der Schmerz ist groß und
nicht leicht zu ertragen.
Dann bete ich zum „lieben Gott"
und flehe ihn an,
schenk mir neue Hoffnung,
dass ich wieder an die echte
Liebe glauben kann!

Spielball der Gefühle

Wenn unsere Liebe die
Sehnsucht regiert,
verdrängt das Warten nicht
unsere Liebe.
Denn wo man kein Verlangen
spürt, veröden Herzenstriebe.
Das liegt nicht bei mir,
aber oft im Wesen der Natur -
bringt Herzensleid
für viele.
Für Dich und mich
wünsche ich mir,
dass wir nicht werden ein
Spielball
unserer Gefühle!

Kieselsteinchen

Ich möchte mit Dir
am Wasser stehen
und kleine Kieselsteinchen
über das Wasser tanzen lassen,
um mit Dir zusammen
dem Spiel der Wellenkreise
zu sehen,
ich werde Dir zeigen wie man
mit Kieselsteinchen auch noch
spielen kann ohne ein Kind
zu sein.

Liebeszauber

Mein Herz schmerzt,
doch ich glaube daran,
was ich fühle
und ich fühle innige Liebe!
Der Liebeszauber
wird nie vergehen,
ewig wird die Liebe sein
auf ewig wird unsere
Liebe bestehen!
Ohne Dich bin ich verloren
und treibe wie ein Blatt im Wind.
Ein Leben ohne Dich,
ist ein Leben
ohne Hoffnung und Träume,
doch ich weiß,
unsere Liebe wird ewig bestehen,
schon bald werden wir uns
wiedersehen.

Liebster

Während ich über uns
nachdenke,
liege ich auf der Wiese unter
unserem Kirschbaum
und träume,
dabei schaue ich durch die
grünen Blätter, der Bäume.
Das Gras frisch gemäht
von meiner Hand,
dessen Duft mir meine Sinne lähmt.
Meine Blicke sehnsuchtsvoll den
Himmel anschauen
und ich sehe Dich nicht,
sondern nur weiße Wölkchen.
Der Alte Kirschbaum trägt
schwer an seiner roten Last,
der Süßen.
Liebling, ich bitte die Wolken,
sie mögen Dich herzlich
von mir grüßen.

Ich träume von Dir

Auf einer grünen Wiese liege
ich an einem plätschernden Bach
und träume von Dir,
nicht im Schlaf, sondern hellwach.
Ich sah dich lächelnd vor mir stehen,
und ich reichte meine Hände Dir,
um uns herum eine Wiese
voller blühender Blumen,
und ich schreite mit Dir
durch das frische duftende
Gras der Wiesen,
vor uns sehen wir das muntere
Bächlein fließen,
wo drinnen eine Entenschar mit
ihren Flügeln munter schlägt,
und das Bächlein diese
kleine schwimmende Schar,
hinüber ans andere Ufer trägt.
Das Bächlein freut über seine
kleine Fracht,
von weither sehen
hören wir wie es blitzt
und der Donner kracht.

Abendglocken

Wenn ich hör der Abendglocken
reinen Klang,
treibt mich meine Sehnsucht in
die Einsamkeit hinaus, in die
blühende Natur, hin zu meiner
geliebten Bank.
Das Korn sehe ich in
voller Ähre stehen,
ich spüre den Wind in meinem Haar,
und rauschend wie Flitter streifen
sehe ich den Wind durch das
goldene Kornfelder wehen.
Meine Augen blicken hinaus
ins weite Tal und ich denke,
ach, könnte mein Liebster mit mir
dies alles erleben.
Der Wind aber gibt keine Antwort
mir und hüllt sich ein in den
Mantel der Verschwiegenheit.
Komm Liebster,
nimm die Einsamkeit von mir fort,
lass mich mit Dir,
das Wunder der Liebe
neu erleben!

Liebe mit Ecken und Kanten

„Mein Schatz", ich liebe Dich
mit all deinen Ecken und Kanten,
ich ärgere mich nicht darüber,
sondern mit meiner Verständlichkeit
werde ich deine Liebe zu mir,
immer wieder wecken!
Wir ärgern uns ja auch nicht darüber,
dass die Rose Dornen trägt,
die uns hin und wieder
in die Finger stechen
und es entsteht ein kleiner Schmerz
so ist es auch hin und wieder
mit der Liebe! Aber schon bald,
ja bald schließt man
den Liebsten wieder in sein Herz
und in der Vergangenheit
liegt dann der Schmerz!
Durch liebe Worte von Dir, oder mir,
werden wir uns immer wieder aufs
Neue begehren und unsere
Liebe wird uns fester und fester
aneinander binden!
So zu fühlen
und zu denken, hilft uns immer wieder aufs
Neue zueinander zu finden!

Liebling

Ich möchte dir ins Ohr flüstern
ganz leise,
so zum Beweise,
dass was es auch gibt und gab,
ich dich nie und nimmer vergessen hab.
Viel mehr ich denke jede Minute
jede Stunde nur an Dich.
Aus diesem Grund beeil ich mich dir
zu versichern aus tiefstem
Herzens – Grunde,
ja bei aller Ehre, dass ich nicht mehr
will Dich entbehren!
Immer wieder will ich Dir gestehen,
dass ich mich freue auf Dich,
auf unser Wiedersehen!
Nachts, scheint der Mond durch
mein Fenster ins Zimmer,
die Sterne strahlen in voller Pracht
so hell und klar.
Auf meinem Kissen liegt jede Nacht
ein Foto von Dir,
ja Liebling das ist wahr
Du fehlst mir so sehr!
Mein Herz verlangt,
komm doch zu mir her!

Inspiration

Ein wunderbarer Augenblick
kann eine Ewigkeit dauern,
wenn ich in Deinen Armen liege.
Sweetheart,
wenn Du mich küsst,
ist als würde ich im
siebten Himmel schweben.
Schwindelig vor Glück,
genießen wir unser Liebesglück.
Von Dir mein Schatz,
geliebt zu werden,
ist das Schönste,
was es gibt auf Erden,
Sweetheart,
mein Herz gehört Dir allein.
Die Zeit verrinnt wie im Flug,
gerade lag ich noch in Deinen
Armen,
da sagtest Du leise,
ach Schatz, ich muss gehen.
Liebling, ich wünschte mir so sehr,
die Zeit bliebe stehen,
ich liebe Dich!

Sehnsucht und Schmerz

Weil meine Liebe
mein schmerzendes
Herz nach Dir ruft,
schicke ich wenigstens
meine Sehnsucht
zu Dir in Gedanken
brieflich auf die Reise,
bitte mein Liebster,
lass sie dann weiden in
Deinem Herzen,
sie werden Dir sagen,
dass ich Dich bald,
ja sehr bald sehen möchte
und muss.
Bitte tröste,
heile meine Seele, mein
schmerzendes Herz
von meiner Sehnsucht
von meinem Schmerz!

Nur schöne Stunden

Liebling, bei Tag und bei Nacht
werde ich Dich vermissen,
ja mein Schatz,
das solltest du unbedingt
von mir wissen!
Wenn ich bei Dir war,
waren es für mich nur
schöne Stunden,
ich fühlte mich dann mit
Dir so sehr verbunden.
Wenn ich daran zurück denke,
dann ist jeder Tag für mich
so vergnüglich
und es geht mir richtig gut,
so vorzüglich!
Die Liebe, die uns verbindet,
so wünsche ich mir, sollte
auch so schön bleiben,
ohne,
dass einer jemals müsste leiden!

Fragezeichen

Wenn einer den andern
einmal nicht mehr hat,
dann sollte nicht am Ende
ein Fragezeichen stehen,
sondern einfach ein Punkt.
Wir haben in der Kürze der Zeit,
Zeit genug,
wenn wir sie uns schenken!

Schlafe, schlafe ein

Alle Menschen schlafen schon längst,
der Mondschein spiegelt sich in
ihren träumenden Gesichtern.
Doch mein Kopf wälzt sich
hin und her im Kissen.
Vor meinem Fenster rüttelt der Wind,
der Trauerweiden Blätter
und Dich höre ich weit weg
wie im Traum. Schlafe, schlafe ein,
Du unglückliches Mädchen.
Die Nachtigall flötet ein Lied
in ihrem Baum und es ist,
als wollt sie mich grüßen von dir,
ich mein zu hören wie sie zwitschert fein,
Schlafe ein, Schlafe ein,
Du unglückliches Mädchen.
Meine Augenlider sind von Tränen schwer,
leise kommt das Sandmännchen
auch zu mir her,
wo er so aufgelöst mich fand,
streute er in meine Augen
von seinem Sand und summt leise.
Schlafe ein, Schlafe ein,
Du unglückliches Mädchen.

Ich liebe Dich

Sag drei Worte mir,
mit drei Worten aus Deinem
Mund tue mir Deine Liebe kund.
Ich hoffe,
es fällt dir nicht so schwer?
Sag doch die drei Worte daher,
darauf warte ich schon
bei Tag und Nacht,
komm sag mir die drei
Worte zart und sacht.
Oh, liebster, spürst Du nicht
meines Herzens Sehnen?
Sag mir die drei Worte,
lass mich nicht so bitten,
bring drei Worte, sowie ich,
auch über Deine Lippen,
sag du die drei Worte:
Ich liebe Dich.

Wunderbare Zeit

Mein Schatz,
verliebt und glücklich sein mit Dir,
oh, wunderbare Zeit,
voller Liebe und Gemeinsamkeit.
Wir sahen uns an und das
Glück kam auf uns zu,
das nicht ein jeder so schnell findet.
Aber im Laufe der Jahre
hat es uns noch fester
aneinander geschmiedet.
Das Wort Treue sagt
man so schnell daher,
aber war es nur eine Phrase
und nicht mehr?
Wer aber so verliebt ist wie wir beide,
braucht um die Liebe nicht weinen,
sondern nur lachen.
Aus unseren Augen
lacht das Glück so hell und klar,
wie der Sonnenschein möge
unsere gegenseitige Liebe sein,
uns nur Freude machen
und immer mit uns sein.

Liebesnächte

Weiß Du Liebling was ich möchte?
Deine Haut zärtlich in den kostbarsten
Minuten streicheln,
bevor der anbrechende Tag
Dich und mich aus der Wärme
unserer Liebesnächte reißt.
Ja, Liebe bekommst Du von mir
in verschwenderischer Fülle geschenkt,
wenn Deine Liebe zu mir sich
dann in die meine versenkt.
Liebe und Glück sind Tausend Kleinigkeiten,
was wächst und blüht
wird uns ein Leben begleiten,
den von uns, der es so sieht!

Morgenrot

Das Morgenrot zeigt sich schon
am Horizont, die Nacht geht,
und der neue Tag kommt.
Das Erwachen der Natur hab ich
staunend wahrgenommen.
Meine Augen sind geblendet von der
Morgensonne und ich hör dem
Vogelgezwitscher zu mit inniger Wonne.
Am offenen Fenster steh ich,
atme die frische Morgenluft,
und der Wind weht säuselnd
durch mein Haar ,
zart wie ein Liebeshauch,
glücklich denke ich,
dasselbe zu empfinden wünsche
ich in der Ferne meinem
geliebten Schatz auch!

Ein wahrer Freund

Einen Menschen wie Dich zu
haben, der mit mir trägt, mir hilft
und lacht, ist eines der schönsten
Gaben die mich wirklich glücklich macht.
Oft bin ich einsam,
hab Kummer und geweint,
leichter ist es doch gemeinsam,
dann zeigt sich ein wahrer Freund.
Doch die Freundschaft muss
man pflegen wie ein Pflänzchen
das noch klein ist.
Liebling,
willst Du weiterhin mich als
guten Freund haben,
musst du selbst ein Guter sein!

Die Turmuhr schlägt

Meine Augen blicken sehnsuchtsvoll
ins weite Tal,
um mich herum Felder und Wiesen
in großer Zahl.
Du, mein Schatz,
ich hätte große Lust
Arm in Arm mit Dir zu stehen
auf Berges Höhen.
Berauschend duftet
der grüne Tannenwald,
oh, welch wunderschöner Aufenthalt.
Wir schauen dann ins Tal
von hier oben und sehen,
Menschen die nur jagen nach
Gut und Geld und nichts wahrnehmen
von der wunderschönen Natur.

Mein Erster Kuss

Liebling, mein erster Kuss von Dir,
brachte mich ganz schön in Verlegenheit!
Du musstest vor so viel Verlegenheit
schmunzeln,
und ich sah das und dachte,
es gibt noch so was wie Aufrichtigkeit!
Ja, ich möchte das diese Zeilen,
so schnell wie möglich zu dir eilen!
Du hattest es raus an mein Herz zu rühren,
für mich war es wunderbar das zu spüren!
Seitdem hast Du mich mit Liebe
überreichlich beschenkt.
Deine Liebe ist für mich unvergleichlich
und mein Verstand gesteht,
dass mir Deine Liebe immer wieder
tief ins Herz mir geht.

Zu Wissen und zu Glauben

Meine Gedanken kreisen um das,
was ich glaube verloren zu haben.
Ist es das, was ich denke,
oder glaube zu denken?
Zu wissen und zu glauben und zu denken,
glauben zu wissen was ich denke.
Nein, ich will nicht akzeptieren
das Ergebnis des Dialogs,
zwischen Denken, Glauben und Wissen.
Besser ist nur,
zu glauben und nicht zu wissen,
denn bitter schmeckt das,
was sich die Wahrheit nennt,
und davor fürchte ich mich!
Aber die Gedanken sind frei
und frei bin auch ich!

Sommerwind

Weil ich Dich mein Schatz so sehr liebe,
würde ich bis ans Ende der Welt mit Dir gehen.
So sehe ich immer wieder Dich,
in meinen Träumen in der Nacht,
wie deine blonden Haare leicht
im Sommerwind wehen,
dazu der Mond am Himmel lacht
und die Sterne halten für uns die Wacht,
dass uns nichts passiert in der Nacht.
Wir beide sollten stark sein,
dass uns niemand die schönen
Stunden mehr nimmt!
Es gibt so viel Reichtum auf dieser Welt,
wo so mancher nach greift, ja greift,
nach Gut und Geld!
Aber ich hoffe mein Schatz,
ich kann stets in der Treue
und Liebe auf Dich bauen,
denn der Herr im Himmel
verlässt uns nicht,
wir sollten ihm und uns vertrauen,
nur so sehen wir immer für
unsere Liebe ein helles Licht!

Schweben wie im Traum

Mein Liebling,
die Liebe zwischen
Dir und mir ist für mich so schön,
dass ich glaube, ich erlebe alles
nur im Traum, dass dieser je zerstört
wird glaube ich kaum!
Unsere Liebe gibt uns immer wieder
eine Chance und wir beide
schweben wie im Traum
um nicht zu verlieren die Balance!
Ein anderer Mann findet keinen Raum
in meinem Herzen!
Du wirst mir nie fremd sein,
Dich kann ich ohne Scheu umarmen,
liebkosen und verwöhnen, dann wirst du
meine aufrichtige Liebe zu Dir spüren.
Weil es so ist,
wird dich Dein Weg auch weiter zu mir hin führen,
denn ich bleibe für immer bei Dir,
ich hoffe,
du glaubst mir?

Im Sturm erobert

Liebster, Du hast mein Herz im Sturm erobert
und gefangen von da ab hieltest du mich fest,
ich fühlte, dies ist der Mann in meinem Leben,
dem ich alles wird in der Liebe geben!
Deine Worte: Ich liebe Dich,
fielen dir nicht schwer
und Du schautest mir dabei tief
in meine Augen und ich wusste,
dieser Mann sagt das nicht nur so daher,
er meint es ehrlich und deswegen
wird mir nie ein anderer Mann gefährlich!
Du mein Liebster bist der Inhalt
meines Lebens - ja, das mein ich ehrlich!
Kein anderer hat bei mir eine Chance,
wenn er hofft, ich würde ihm meine
Liebe geben, da hat er Pech,
denn die hab ich schon
lange an Dich vergeben!
Ich schreibe dir dies auf's Papier
weil unsere Liebe ist so stark
und voller Schwung
eine bleibende Erinnerung,
weil ich Deine treue Freundin bin,
schrieb ich Dir dies in Versen hin.
Ein wahres liebes Ideal
das kann das muss wird ewig bestehen!

Du bist der Beste

Mein bester Schatz ich hoffe, Du weißt,
wie lieb ich Dich von jeher hab!
Von dir erhoffte ich Liebe, Treue, Güte
und Verstehen. Darum sollten wir beide
niemals auseinander gehen, unsere Liebe ist
so echt, rein und so wahr!
Ja Liebling, ich denk nicht nur heute
an Dich, oh nein.
Alle Tage sind wie ein Sonnenschein für mich,
meine Gedanken und Träume drehen
sich allein nur um dich.
Lass uns an allen Tagen immer mit allem
Schönen rundherum mit Liebe verwöhnen!
Meine Liebe zu dir kennt keine Schranken,
ganz umwandelbar ist meine Treue.
Lasse dir mein Schatz, heut aufs Neue,
innig für deine große Liebe
zu mir von Herzen danken!
Nimm noch den schönsten Gruß
heute von mir.
Sowie ich nun bin durch Deine Liebe,
das verdanke ich Dir!

Im tiefsten Herzensgrund

Ganz ehrlich ist was ich Dir aufs
Papier so schreib,
ich grüße Dich mein Schatz aus
tiefstem Herzensgrund.
Das Glück, ja ich weiß es,
lässt uns beide nicht im Stich.
Es ist stets mit uns
und bleibt hoffentlich
mit uns im Bunde.
Ich freue mich auf unsere
Wiedersehen Stunde!
Aber bis wir uns sehen so
denke ich eben,
man kann sich auch brieflich
liebe Küsschen geben!

Des Lebens Stürme

Na Liebster,
hast Du darüber nachgedacht,
dass es anders geht als du meinst?
Derweil du frei und fröhlich scheinst,
sind Deine Jahre wie im Flug
verflogen und der Himmel hat sich
über Dir zugezogen,
lachst Du bald wieder und die Sonne
scheint wieder. Na, es geht wohl
anders als Du meinst?
Wenn wieder mal des Lebens Stürme
Dir wieder Kummer machen,
blicke dann getrost nach oben,
Gott der Herr verlässt Dich nicht.

Für all Deine Liebe dank ich Dir

Mein Liebling, uns sollten Glück,
Zufriedenheit und Heiterkeit umwehen,
wenn uns der Sturm des Lebens mal tobt!
Immer sollten wir dann treu
zusammen stehen,
weil es bei uns so ist, kann man sagen,
dass wir uns trafen hat sich gelohnt!
Mein Herz lag nun von da ab in Deiner Hand,
Du trägst mich bei Dir egal wo Du auch hin
gehst, von Stadt zu Stadt durchs weite Land!
Erst Du hast mich mit deiner Liebe aufgetaut,
niemand vor Dir mein Schatz,
habe ich je geglaubt und schon gar
nicht erst vertraut!
Für all Deine Liebe dank ich ehrlich Dir,
seitdem ersten Tag fühlte ich,
du gehörst zu mir!
Verliebt sind viele Paare,
aber wir beide sind ein ganz
besonderes Liebespaar.

An meinem Lebensbaum

Gab und gibt es nur einen Ast
und nicht mehr.
Nur Du bist bislang ein Zweig
der Nadelholz – Charakter trägt
die anderen fielen ab,
verwelkten nach und nach
und wachsen neu.
Doch Du, bleibst für mich
immer grün und treu!

Neues Leben

Mein liebster Schatz,
Deine Liebe zu mir war für mich
wie ein neues Leben,
nur bei Dir, möchte ich mehr Freud
als Leid erleben,
nur Dir kann und will ich alles geben!
Heute spüre ich,
mit Dir das ist das wahre Leben,
ich bin verliebt zum ersten
Mal in meinem Leben.
In Deine Hände leg ich mein Herz,
und ich wünsche mir,
wir fühlen nie einen Schmerz.
Nie sollte uns ein Kummer
betrüben, uns niemals belügen,
alles Unangenehme will ich
von meiner Seele wegspülen sowie
das trübe Wasser fließt,
bis alles sauber und klar.
Ich schwöre Dir, mich wird Dir keiner
nehmen, so mein Herz spricht,
bitte vergiss mich nicht!

Auf der Lebensleiter

Mein Schatz,
du bist meine große Liebe
auf meiner Lebensleiter.
Du bist mir so unentbehrlich,
ohne Dich sehe ich für mich kein Ziel
und ich sag dir ehrlich,
ich möchte und wünsche mir,
dass Du nur mich liebst.
Mit dir, ja nur mit Dir,
möchte ich so einiges tun ohne sich
dabei auszuruhen.
Du warst für mich immer
vorbildlich, ich liebe Dich!
Sei mal offen und ehrlich,
ich bin Dir auch in Deinem Leben
unentbehrlich,
das hast Du mir so nett gesagt
und Dich an mein Herz gewandt,
mein Herz hat deine Worte,
ehrlich und dankbar anerkannt!

Sommerliebe

Wenn die Blumen den Sommer
künden und kommen scheu ans Licht,
ob sie auch weiterhin wohl den
Sonnenschein werden finden?
Ja Liebling,
der Sommer ist schon in Sicht,
nun wirst Du dann wie ich,
genau so wunderbar unsere
Liebe sehen?
Dann wird für Dich und mich
der Sommer
noch bunter, wir feiern neu,
der Sommerliebe auferstehen.
Die Liebe, die du mir dann schenkst,
bedeutet mir mehr als Du vielleicht
denkst, die Sonne lacht dazu mit
ihrem hellen Schein,
so fröhlich in den Sommertag hinein!

Romeo und Julia

Wir sind wie einst
Romeo und Julia,
der erste Blick, der erste Kuss,
das Schicksal
uns zusammen führte,
Du warst schwindelig vor Glück,
ich bin und war für Dich
Dein größtes Glück.
Seltsam war wie wir
uns fanden,
doch ich bin überzeugt
Amors Pfeil,
der Dein und mein Herz
berührte,
wusste genau was wir für
fühlten,
wir waren bestimmt für
einander.
Was ich Dir sagen möchte,
Du bist und bleibst für mich
für immer mein Romeo
und ich hoffentlich
Deine Julia.

Zum Valentinstag

Mein Liebster Heute wünsch ich
Dir brieflich alles Gute, Heut
zum Valentinstag ist mir danach
zumute!
Dann besonders die Zeit beginnt
in der man nachdenkt und sich an die Frau,
die man liebt gerne besinnt!
Denn wenn das Herz zum
Herzen spricht,
dann wird alles leicht
und alles licht!
Unsere Liebe, die uns schon lange
verband, hat festen sichern Bestand.
Wenn sich Verliebte
so wie wir in Liebe und Treue findet,
dann wissen wir auch, dass der
Himmel uns verbindet.
Möge Gottes Segen uns zu allen Zeiten
auf unseren Wegen behüten
und begleiten!
Also Liebster, denke stets daran,
man kann nur zu zweien
gemeinsam glücklich sein!
Nun zum guten Schluss,
von meinem Mund einen langen,
langen Kuss,
so richtig mit Genuss!